LÉGISLATION USUELLE.

INDISPENSABLE

GUIDE MANUEL

DU

VOYAGEUR

EN

CHEMIN DE FER

INDIQUANT

**les dispositions légales et réglementaires,
les moyens et les formes propres à
faire valoir les droits et aboutir
les réclamations du voyageur,**

PAR

THÉOPHILE ASTRIÉ,

AVOCAT.

50 centimes.

PARIS,

LE BAILLY, LIBRAIRE,

Rue de l'Abbaye-Saint-Germain-des-Prés, 2 bis.

INDISPENSABLE

GUIDE-MANUEL

DU

VOYAGEUR EN CHEMIN DE FER

Clichy. — Imprimerie MAURICE LOIGNON, et Cⁱᵉ,
rue du Bac-d'Asnières, 12.

. INDISPENSABLE

GUIDE-MANUEL

DU VOYAGEUR

EN CHEMIN DE FER

INDIQUANT

LES DISPOSITIONS LÉGALES ET RÉGLEMENTAIRES
LES MOYENS ET LES FORMES
PROPRES A FAIRE VALOIR LES DROITS
ET ABOUTIR LES RÉCLAMATIONS DU VOYAGEUR

PAR

THÉOPHILE ASTRIÉ

Avocat

PARIS

LE BAILLY, LIBRAIRE

RUE DE L'ABBAYE-SAINT-GERMAIN-DES-PRÉS, 2 BIS.

—

1869

AVANT-PROPOS

Tout voyageur peut quelquefois être inquiété, lésé même par les Compagnies de chemins de fer ou leurs employés.

.·.

Que faire?
Telle est la question que s'adresse alors la généralité des voyageurs peu versés dans la connaissance des lois que ne révèlent pas d'ailleurs les règlements d'administration des voies ferrées.

.·.

Les Compagnies de chemins de fer sont puissantes ; elles disposent des forces du capital unies à celles de l'intelligence.

Le voyageur, **au contraire**, est isolé et sa plainte est d'autant plus timide qu'il ne sait pas s'il est en droit de la formuler ou si elle aboutira.

.˙.

Devant cette inégalité la lutte apparaît dangereuse au voyageur contraint de l'engager pour sauvegarder ses droits en péril.

.˙.

L'intervention de l'administration est le plus souvent insuffisante parce qu'elle ne se produit que dans les questions d'intérêt général et non dans celles de détail personnel.

.˙.

Il convenait dès lors de venir en aide au voyageur et de lui donner un compagnon de route alerte et point gênant dans le voyage, dévoué uniquement à la personne des voyageurs, toujours en mesure pour les guider dans la défense de droits légitimes et fidèle à la devise :

A bon droit, aider on doit.

TABLE DES MATIÈRES

REGISTRE DES PLAINTES ET RÉCLAMATIONS

Ordonnance du 15 novembre 1846.

ARTICLE 76.

Il doit être tenu et ouvert dans chaque gare ou station un registre dit de *plaintes* destiné à recevoir les réclamations écrites des voyageurs contre les Compagnies ou contre leurs agents.

Ce registre doit être représenté à toute réquisition des voyageurs.

***

PRODUCTION DU REGISTRE EN JUSTICE.

Les parties intéressées sont fondées à demander en justice la production, par les Compagnies, du registre des plaintes et réclamations afin de pouvoir en tirer tel parti que bon leur semblera notamment celui de montrer l'existence et le fond de leur plainte à l'origine.

EXTRAIT DE L'INSTRUCTION MINISTÉRIELLE.

Du 21 octobre 1848.

Les commissaires de surveillance administrative sont tenus de recevoir les plaintes que le public peut avoir à présenter relativement à la marche des trains, à l'état du chemin ou du matériel, à la perception des tarifs, enfin à tout ce qui a trait à la police et à la surveillance des voies ferrées.

DÉPART

EN OMNIBUS.

OMNIBUS SPÉCIAUX DES CHEMINS DE FER.

Quand le voyageur est éloigné de la gare du départ, il peut pour s'y rendre d'une façon économique prendre l'omnibus du chemin de fer.

Il ira au bureau demander un billet ou y faire inscrire son nom et son adresse en précisant par quel train il veut partir.

Retard. — Si l'omnibus arrive en retard à la gare, et que le voyageur ne puisse pas partir celui-ci aura le droit d'intenter à la Compagnie du chemin de fer une action en dommages-intérêts ;

Ou bien, si cela lui convient, de se faire autoriser à partir par le plus prochain convoi sans payer aucun supplément même quand le convoi ne comporte que des places d'une classe plus élevée que celle portée sur le billet pris. (Circulaire ministérielle du 6 novembre 1858 applicable par analogie.)

En cas de refus, le voyageur demandera le registre des plaintes et réclamations ; — s'il y a nouveau refus, le voyageur encore prendra les noms et demeure des personnes présentes à l'arrivée de l'omnibus pour les faire entendre, devant les tribunaux, dans le procès qu'il intentera à la compagnie.

Accidents. (*Voyageurs*.) — Si le voyageur est blessé, en se rendant à la gare, dans un omnibus du chemin de fer, la Compagnie du chemin de fer sera responsable et devra payer des dommages-intérêts. (Jurisprudence de la cour impériale de Besançon, août 1860.)

Bagages. — Les Compagnies de chemin de fer sont responsables (à moins d'accidents de force majeure) de la perte ou de l'avarie des bagages confiés aux omnibus des chemins de fer.

Le Code Napoléon dispose en effet :

Article 1784. « Les voituriers par terre ou par « eau sont responsables de la perte et des avaries « des choses qui leur sont confiées, à moins qu'ils « ne prouvent qu'elles ont été perdues ou ava-« riées par cas fortuit ou force majeure. »

Les Compagniés de chemins de fer sont également responsables du retard apporté par les omnibus dans le transport des bagages.

Quoique les bagages ne soient pas enregistrés dans les bureaux d'omnibus, le voyageur a le droit incontestable, en cas de perte, de les réclamer : il suffit que les bagages aient été remis d'une façon pertinente.

A LA GARE.

Arrivé à la gare, le voyageur fera descendre de l'omnibus ses bagages et les fera aussi enlever, avant l'enregistrement, par les commissionnaires de la Compagnie, lesquels portent un costume spécial, stationnent soit à l'abord des gares, soit à l'intérieur et sont des agents officiels de la Compagnie.

En l'absence de ces employés, le voyageur portera ou fera porter ses bagages sur le tréteau auprès duquel s'opère le pesage.

L'obligation où se trouve en France le voyageur de se rendre à deux guichets différents le force d'abandonner momentanément ses bagages, et comme chaque voyageur ne peut se faire accompagner d'un tiers pour surveiller ses bagages, c'est à la Compagnie à exercer cette surveillance. En conséquence, si des bagages sont égarés dans la salle des bagages pendant que le propriétaire est allé prendre son billet au guichet, la Compagnie est responsable de la perte et doit être condamnée à des dommages-intérêts. (Tribunal de commerce de Strasbourg.)

———

MESSIEURS LES EMPLOYÉS.

Dès son entrée à la gare, le voyageur est en rapport avec les employés de la Compagnie.

Les voyageurs ont le droit d'exiger que les employés soient polis à leur égard. Si les employés étaient grossiers, les voyageurs demanderaient, exigeraient même, s'il le fallait, le registre des plaintes et réclamations qui, aux termes de l'ordonnance du 15 novembre 1846, est destiné à recevoir les plaintes des voyageurs, et y consigneraient leurs griefs.

———

AU GUICHET DES PLACES.

BILLET DE PLACE.

Les guichets doivent être ouverts assez avant le départ pour que le voyageur puisse prendre paisiblement son billet.

Si le guichet était fermé avant l'heure réglementaire, ce qui peut se présenter dans les stations, le voyageur ferait constater l'heure pour ensuite agir contre la Compagnie dans la mesure de son droit et du préjudice qu'il éprouvera.

Classe absente. — Si un train, par un événement entraînant la responsabilité d'une Compagnie, ne comporte pas des voitures d'une classe pour laquelle il a été délivré un billet, le voyageur porteur du billet réclamera auprès du chef de gare pour être autorisé à partir dans une voiture d'une classe supérieure à celle à laquelle il a droit par son billet.

En cas de refus, le voyageur (circulaire ministérielle du 6 novembre 1858 applicable par voie d'analogie) aurait le droit de demander des dommages intérêts pour le retard qu'il éprouverait.

Billet d'enfant. —Quand les employés du guichet refuseront de donner un billet de demi-place et exigeront le payement d'une place entière pour un enfant qui aurait un âge au-dessous de celui déterminé par la Compagnie, et ce sous le prétexte que l'enfant paraît avoir un âge supérieur, il conviendra, à défaut de pièces probantes, de payer la place entière en exigeant une déclaration écrite du refus opposé, et en indiquant son nom, sa qualité, son adresse. Puis, dès qu'on le pourra, on adressera au chef de gare du lieu où a été opposé le refus une expédition légalisée de l'acte de naissance de l'enfant, et on réclamera la différence perçue en trop, qui, si elle n'est pas rendue, fera le sujet d'une réclamation en justice contre la Compagnie.

AU BUREAU DES BAGAGES.

Bulletin de bagages. — Lorsque le voyageur sera muni de son billet de place, il mettra de côté les bagages qu'il entend garder avec lui, puis il fera peser les autres et se fera délivrer un bulletin indiquant le nombre des colis et leur poids en totalité.

1° *Colis enregistrés*. — Tout voyageur a droit pour une place entière au transport gratuit de 30 kilos; il est dû seulement un droit d'enregistrement de 10 centimes.

Pour une demi-place la franchise est de 20 kilos.

2° *Colis gardés dans les wagons*. — Chaque voyageur est autorisé à emporter *à la main* et dans le wagon tout colis du poids de 25 kilos et dont la forme n'est point gênante.

Valeurs et bijoux. — Lorsque le voyageur a dans les bagages dont il se dessaisit, et qu'il a eu le soin de faire enregistrer, des valeurs ou des bijoux, il en fera la déclaration et il payera une légère prime moyennant laquelle il sera assuré, en cas de perte, d'être intégralement indemnisé.

Mentions des bulletins de la compagnie. — Les mentions imprimées sur les bulletins de voyage délivrés par les Compagnies ne lient nullement le voyageur, et les indemnités fixées d'avance en cas de perte de bagages peuvent être repoussées comme insuffisantes par les voyageurs qui n'ont pas acquiescé à un contrat fait sans leur participation et dès lors radicalement nul. (Arrêt de la cour de Douai, 17 mars 1847.)

Clôture des colis. — Quand les colis ont été solidement clos et que les Compagnies les ont acceptés sans résistance, la responsabilité des Compagnies, en cas d'avarie, ne saurait faire doute.

Emballage. — Les employés des compagnies sont tenus d'accepter les emballages conformes au mode et aux usages adoptés par le commerce et les voyageurs. Elles ne seraient point fondées à refuser des cartons ou boîtes d'une nature fragile, mais qui seraient en bon état et auraient été solidement ficelés.

En cas de refus de la part des employés, le voyageur fera constater par huissier l'état matériel des colis, puis sommation par acte sera notifiée au chef de gare, et l'action en justice aura son cours contre la Compagnie si ce refus est persistant.

Ouverture des colis. — Lorsque les agents des Compagnies ne veulent pas s'en rapporter à la déclaration des voyageurs que leurs bagages ne contiennent pas des matières inflammables ou explosibles et qu'ils en ordonnent l'ouverture, les voyageurs si leur déclaration est reconnue sincère, auront le droit d'exiger que les bagages soient refermés par les soins et aux frais de la Compagnie. (Ordonnance du 15 novembre 1846 ; — Arrêt de la cour de Paris du 16 août 1853.)

Billets de place empruntés en matière de bagages. — Peut-on pour éviter le payement d'un supplément de bagages, emprunter et présenter des billets autres que le sien ?

Oui assurément quand plusieurs membres d'une même famille voyagent ensemble. Les bagages étant alors en commun et chaque billet donnant droit à 30 kilos, si le poids total des bagages est inférieur au total des droits de chaque voyageur, il ne sera pas dû de supplément et il n'y aura lieu qu'à un seul enregistrement.

Animaux. — Le voyageur qui sera gêné ou contrarié par l'apport ou la présence, en wagon, de petits animaux, tels que chiens, chats, perroquets ou autres oiseaux, pourra en exiger l'enlèvement immédiat. Il s'adressera aux employés, qui devront s'empresser de déférer à la réclamation qui leur sera faite. Le droit du voyageur résulte en ce cas des règlements des Compagnies.

DANS LA SALLE D'ATTENTE.

Billet vendu avant le départ. — Toute personne qui a pris un billet de départ et qui l'a payé, est parfaitement en droit de le céder ou de le vendre avant le départ par la raison que le billet est un titre au porteur.

Voyageur non averti du départ du train.
— Les voyageurs doivent être prévenus qu'il faut monter en voiture assez à temps pour ne pas être pressés ou foulés.

Si le voyageur n'était pas prévenu et qu'il fût ainsi empêché de partir, il devrait réclamer auprès du chef de gare en invoquant une circulaire ministérielle du 16 novembre 1858 adressée aux administrateurs des chemins de fer, et ainsi conçue :

« L'administration a été quelquefois saisie de
« plaintes déposées par des voyageurs qui ont
« manqué le train pour lequel ils avaient pris
« leurs billets, par suite de la négligence des sur-
« veillants chargés d'ouvrir les salles d'attente et
« de faire monter le public en voiture au moment
« du passage des convois.

« Je vous invite en conséquence, Messieurs, à
« donner les ordres les plus précis aux agents
« de votre exploitation, afin que, dans le cas où,
« par le fait de l'oubli ou de la négligence d'un
« employé, un ou plusieurs voyageurs viennent
« à manquer le train pour lequel il leur a été dé-
« livré des places, ces voyageurs soient expédiés,
» *sans avoir égard à la nature des billets dont ils*
« *sont porteurs*, par le plus prochain train quit-
« tant la station, quelles que soient la composi-
« tion de ce train et la classe des voitures qu'il
« contient. »

Si le retard cause un préjudice certain, le voyageur aura encore le droit d'exiger des dommages-intérêts et de les réclamer en justice.

SUR LE QUAI.

Plus de place. — Les voitures sont ouvertes, le voyageur va monter, mais il ne trouve pas de place.

Partira-t-il?

Les Compagnies sont tenues de faire partir les voyageurs par le train et dans les voitures marquées sur leurs billets.

Elles sont dès lors responsables si elles ne mettent pas à la disposition des voyageurs autant de places de toute classe qu'il a été distribué de billets.

Le voyageur qui n'aura pas de place avertira immédiatement le chef de train ou le chef de gare. — Ceux-ci devront placer le voyageur, sans dérangement possible dans le parcours, en une voiture d'une classe supérieure à celle du billet.

Le voyageur exigera une mention ou marque sur son billet pour être à l'abri de tout ennui de la part des contrôleurs.

Si la chose ne se passait pas ainsi, le voyageur constatera l'impossibilité de départ sur le registre des plaintes et réclamations, ou il la fera constater par huissier puisque le défaut de départ lu en laissera le temps.

En ce cas, le voyageur fera bien de conserver son billet qui établira la légitimité de son droit.

Colis embarrassants ou dangereux. — Le voyageur qui se trouve gêné par des colis qu'auraient portés en wagon un autre voyageur ou d'autres voyageurs, surtout quand ces colis sont des armes chargées ou démunies de fourreau, réclamera auprès des employés, qui devront donner satisfaction à la plainte formulée.

Vêtements sales. — Le voyageur est aussi autorisé à se plaindre lorsque, dans le compartiment où il est déjà montent des employés de la voie comme des graisseurs ou lampistes ou bien des ouvriers de la voie dont les vêtements de travail peuvent salir et tacher.

Ivresse. — Enfin, si un voyageur est incommodé par la présence d'un autre voyageur en état d'ivresse manifeste, les employés seront requis de faire descendre le voyageur en ivresse, et ils seront responsables de leur refus, surtout s'il survient des accidents.

EN WAGON.

Conseil. — Il est prudent de la part du voyageur de monter dans les voitures du centre et non dans celles qui sont en tête ou en queue : de cette façon il sera moins exposé en cas de choc en avant ou en arrière.

Le voyageur fera bien aussi de tourner le dos à la machine afin d'éviter la violence du courant d'air développé par le train dans sa course.

Wagons de dames. — Les Compagnies de chemins de fer doivent donner aux dames non accompagnées d'hommes la possibilité de voyager dans des compartiments distincts, afin d'éviter la fumée et les conversatio.is grossières.

Si ce compartiment n'existait pas dans un train en partance, toute dame isolée ou en réunion avec d'autres dames réclamerait auprès du chef de gare, qui devra prendre les mesures nécessaires pour affecter un compartiment aux dames seules.

Le bénéfice du compartiment distinct s'étend aux places de troisième classe.

Défense de fumer. — Si la défense de fumer existe en réalité, cette défense a disparu derrière une tolérance intelligente qui par le fait d'un exercice datant de loin, a acquis la force d'un droit acquis.

C'eût été d'ailleurs de la part des Compagnies attenter aux intérêts de l'Etat, au goût général, aux besoins même de certains voyageurs, que de maintenir une pareille défense.

Mais s'il convenait de donner satisfaction aux partisans du fumer, il importait de soustraire à la fumée et aux fumeurs les personnes qui en pourraient être incommodées. Dès lors tout voyageur qui aura à se plaindre de la présence d'un fumeur dans une voiture non affectée aux fumeurs sera en droit d'exiger des employés qu'ils fassent descendre le voyageur qui fume s'il ne convient pas à celui-ci de cesser de fumer. Nous citons à ce sujet, un passage de la circulaire du ministre des travaux publics, du 2 août 1864 : « Je vous prie de donner aux commissaires de surveillance administrative de votre service l'ordre de dresser procès-verbal contre tout voyageur qui se refuserait de se rendre à l'invitation de cesser de fumer qui pourrait lui être adressée, soit par les autres voyageurs, soit par les agents de l'administration ou de la compagnie dont l'intervention aurait été réclamée. »

Si les employés n'obtempéraient pas à la réquisition du voyageur, le voyageur inscrirait sa plainte contre l'employé dans le livre des plaintes et réclamations.

Glaces levées ou baissées. — Les glaces doivent aux portières être raisonnablement levées en hiver et baissées en été, à moins que les voyageurs ne soient d'accord entre eux pour qu'il en soit autrement.

Si un désaccord survenait, les employés chargés de la police du trajet devraient intervenir pour faire respecter le désir de la majorité, ou offrir une autre place aux voyageurs qui auraient à souffrir d'un entêtement déraisonnable. Quant à l'intervention des employés, nous n'hésitons pas à déclarer qu'elle est de droit, et que les employés qui ne feraient aucun cas de la demande à eux faite d'intervenir engageraient leur responsabilité et celle de la Compagnie.

En effet, l'obligation principale des Compagnies de chemins de fer est de transporter *sain et sauf* le voyageur, et dès lors de le soustraire aux ennuis qu'elles peuvent empêcher quand surtout elles ont en main la police des voyageurs.

Chants et conversations scandaleuses. — Un voyageur a aussi le droit, en vertu des considérations d'équité invoquées à l'article précédent, de requérir l'intervention des agents de la Compagnie, quand il se trouve inquiété par la tenue, les paroles grossières, les chants scandaleux, les injures ou les outrages non provoqués d'un autre voyageur.

Contrôle pendant le trajet. — Le voyageur est-il tenu de montrer son billet à chaque réquisition des employés du contrôle?

Oui et non.

Oui, comme avantage pour le voyageur en cas de perte de son billet de place et comme facilité pour échapper sans ennui à une prétention de payement de sa place à partir du point de départ du train.

Non, comme droit absolu de la part des Compagnies. En principe, le voyageur n'est tenu que des obligations qu'il a directement et personnellement contractées.

De plus, il n'est pas tenu de faire, aux dépens de sa tranquillité, une chose uniquement profitable aux intérêts des Compagnies.

En cas de refus de la part du voyageur, quel pourrait être le danger qu'il courrait?

Ce ne serait pas assurément celui d'être abandonné sur la voie, car la Compagnie s'exposerait à une action en responsabilité.

Chacun est responsable du préjudice causé à autrui; dès lors, si un voyageur lèse une Compagnie en voyageant sans payer sa place, la Compagnie exercera ses droits à l'arrivée.

En un mot, il n'est ni juste ni convenable que l'universalité des voyageurs, gens honnêtes, souffre un ennui pour l'exercice régulier d'une mesure préventive, disons-le, de suspicion.

Les contrôleurs doivent accepter les déclarations faites par un voyageur qui au départ aurait été placé, à raison d'encombrement, dans une voiture de classe supérieure à celle du billet dont il est porteur. Les contrôleurs, pas plus que les chefs de gares, ne seraient autorisés à faire descendre le voyageur par le motif que des places correspondantes au billet sont devenues libres et que la Compagnie a besoin de la place occupée.

En cas de contestation, le voyageur aura le droit de résister, par la raison d'abord qu'il ne saurait être assimilé à un colis pouvant être déplacé à la volonté des employés d'une Compagnie, et qu'ensuite au départ, la compagnie lui a volontairement et sans restriction donné une place à l'abri de toute inquiétude jusqu'à destination.

Changement de classe et de compartiment pendant le trajet. — Les voyageurs peuvent passer, pendant le trajet, d'une voiture de classe inférieure dans une autre voiture de classe supérieure en avertissant le chef de train, qui percevra le supplément ou notera la mutation pour que le supplément soit payé à l'arrivée.

Les voyageurs ont aussi le droit, pour leur commodité ou pour leur agrément, de passer d'un compartiment dans un autre de même classe et sans souci de personne.

Voyageur laissé en route. — Si un voyageur, pour une cause sérieuse, une indisposition ou un besoin, descend de wagon malgré l'avertissement des employés et que le train reparte en le laissant sur la voie, le voyageur abandonné réclamera auprès du chef de gare, en invoquant le cas de force majeure, l'autorisation de partir par le plus prochain train sans nouveau payement.

Il nous paraîtrait bien dur que le représentant d'une Compagnie qui se respecte opposât un refus et consentît à engager un débat à propos d'un fait auquel la fantaisie ou le caprice seraient étrangers.

L'abus du droit n'est plus le droit, disons-le en passant.

TRAIN DE CORRESPONDANCE.

Retard du convoi principal. — Quand un voyageur doit changer de train à un point de bifur-
cation et que, par un retard du convoi dans lequel
il se trouve, il est dans l'impossibilité de partir
par le train de correspondance, ce voyageur fera
sa plainte au chef de gare et exigera (sous réserve
de demander plus tard des dommages si le retard
lui fait éprouver un préjudice) de partir par le
premier train qui suivra sans supplément de prix,
même si ce train est composé de voitures d'une
classe plus élevée que celles auxquelles il a droit
par son billet. Telle est l'opinion de MM. Lamé-
Fleury et Emion.

La Compagnie qui délivre un billet de place
jusqu'à destination est responsable aussi vis-à-vis
du voyageur des retards qu'il pourrait éprouver
sur des chemins de fer étrangers. Cette doctrine
s'évince d'un jugement rendu par le tribunal civil
de la Seine, le 14 décembre 1858 :

« Les Compagnies étrangères ne sont que des
« commissionnaires intermédiaires qui ne con-
« tractent aucune obligation directe vis-à-vis du
« voyageur, et sont responsables seulement vis-
« à-vis de la Compagnie pour le compte de la-
« quelle elles agissent.

Voyageur non prévenu du passage du train. —
A ce sujet, nous ne ferons que répéter ce que contient la circulaire déja citée page 22 adressée
le 6 novembre 1858 aux administrateurs des chemins de fer par le ministre des travaux publics.

« Je vous invite, Messieurs, à donner les ordres
« les plus précis aux agents de votre exploitation,
« afin que, dans le cas où, par le fait de l'oubli
« ou de la négligence d'un employé, un ou plu-
« sieurs voyageurs viennent à manquer le train
« pour lequel il leur a été délivré des places, ces
« voyageurs soient expédiés, *sans avoir égard à*
« *la nature des billets dont ils sont porteurs*, par le
« plus prochain train quittant la station, quelles
« que soient la composition de ce train et la classe
« des voitures qu'il contient. »

Il est bien entendu d'ailleurs que, si l'oubli dont on pourrait être victime en pareille circonstance occasionnait un préjudice notable, on aurait encore le droit de réclamer des dommages-intérêts.

Voitures et diligences de correspondance. — Le voyageur qui est muni d'un billet lui donnant droit à une place dans une voiture ou diligence de correspondance pour une destination éloignée du point d'arrêt de la voie ferrée, et qui arrive quand la voiture a quitté la station ou quand elle est déjà pleine, aura le droit d'exercer une action en dommages-intérêts contre la Compagnie, si mieux il n'aime tout d'abord mettre en demeure le chef de gare de lui fournir une voiture supplémentaire.

FAUSSE DIRECTION.

Si, pendant le trajet, le voyageur s'aperçoit qu'il a pris une fausse direction, il se mettra en mesure de descendre à la plus prochaine station, où il ira déclarer son erreur au chef de gare. Après que ce représentant de la Compagnie se sera assuré que le voyageur n'avait aucun intérêt à suivre la direction qu'il a prise, que dès lors il n'y a pas eu tentative de tromperie de sa part, il faut croire que ce fonctionnaire ne voudra pas profiter, dans l'intérêt de la Compagnie qu'il représente, d'une erreur, et qu'il s'empressera de remettre le voyageur dans la bonne voie, sans exiger de supplément ou des frais nouveaux.

Cette solution est d'autant plus admissible que le voyageur pourrait invoquer la possibilité d'une erreur résultant du défaut d'indication ou d'écriteaux qui, disons-le, devraient bien être placés sur les trains qui vont se mettre en route.

CONTINUATION DE VOYAGE.

Le voyageur qui, à l'endroit de son arrivée, ne descend pas de wagon et se décide à continuer sa route n'aura qu'à prévenir le chef du train s'il n'a pas le temps de prendre un billet.

ACCIDENTS

ACCIDENTS.

RESPONSABILITÉ DES COMPAGNIES.

Le voyageur peut être arrêté dans le trajet ou atteint pendant le trajet par un accident.

Au point de vue légal, les accidents sont de deux sortes :

1° Accidents de force majeure : ceux-là ne sont imputables à personne, et ne peuvent dès lors engager la responsabilité de quelqu'un ;

2° Accidents qu'on aurait pu prévoir, empêcher ou atténuer : ceux-là, au contraire, constituent des délits ou quasi-délits et engagent la responsabilité de ceux qui n'ont pas pris de précautions ou qui ont négligé d'en prendre assez.

La loi dispose en effet comme voici :

Code Napoléon. — Des délits et des quasi-délits :

Article 1382. « Tout fait quelconque de l'homme « qui cause à autrui un dommage oblige celui « par la faute duquel il est arrivé à le réparer. »

Article 1383 : « Chacun est responsable du dommage qu'il a causé non-seulement par son fait, mais encore par sa négligence ou par son imprudence. »

Article 1384. « On est responsable non-seule- « ment du dommage que l'on cause par son propre « fait, mais encore de celui qui est causé par le « fait des personnes dont on doit répondre ou des « choses que l'on a sous sa garde. — Les maîtres « et les commettants sont responsables du dom- « mage causé par leurs préposés dans les fonc- « tions auxquelles ils les ont employés. »

En fait,

Les accidents sur les chemins de fer proviennent :

1° De l'état de la voie.

Le mauvais état général ou partiel de la voie
résulte d'une négligence coupable ou de l'inob-
servation des lois et règlements dont voici un
aperçu : Loi du 15 juillet 1845, — circulaires ministérielles de juin 1855, septembre, octobre et
décembre 1856, juillet 1857.

Mais doivent être considérés comme accidents
de force majeure et n'entraînant pas de responsabilité contre les Compagnies, les éboulements,
coupures et obstrusions se manifestant soudaine-
ment au milieu ou à la suite d'un orage, d'une
trombe ou d'un tremblement de terre, et aussi
ceux occasionnés par des événements de guerre,
émeute ou par la malveillance.

2° De défectuosités dans le matériel fixe ou
roulant.

Dans ce cas, les accidents seraient toujours
imputables aux compagnies surtout si une en-
quête administrative ou judiciaire établissait que
le matériel n'était pas dans les conditions pres-
crites par les règlements de l'administration ou
qu'il y avait emploi de la part de la compagnie
recherchée d'un matériel usé ou avarié par un
trop long service. Sur ce point : Loi de juillet 1845,
— circulaires ministérielles de mai et septembre 1855, mars, août et septembre 1856, août 1857.

3° De l'imprudence ou de la négligence des
employés.

Ces employés sont des agents de la voie, des
aiguilleurs et des gardes-barrières, des mécani-
ciens, des conducteurs, des chauffeurs, des gardes-
freins, dont les fonctions et obligations sont
exactement déterminées par les règlements admi-

nistratifs, ce qui rend plus facile la constatation de leurs torts. Loi de juillet 1845, — ordonnance de novembre 1846.

Lorsque l'accident est de ceux qu'on aurait pu prévoir, empêcher ou atténuer, la Compagnie de chemins de fer qui en est l'auteur est responsable et doit des dommages-intérêts au voyageur qui a subi un préjudice. La jurisprudence est univoque sur ce point; nous nous contentons d'indiquer un jugement du tribunal civil de la Seine du 20 décembre 1863, jugement d'autant plus remarquable qu'il accordait des dommages-intérêts, tout en reconnaissant que la victime de l'accident avait commis une imprudence. Voici le fait : Un facteur rural s'était présenté à un passage à niveau, la barrière était fermée, le garde-barrière était occupé à faire les signaux réglementaires à un train se dirigeant sur Paris. Le facteur ouvrit la porte, s'engagea sur la voie, et fut blessé mortellement par la locomotive du convoi arrivant.

La veuve et les héritiers formèrent une demande en dommages-intérêts contre la Compagnie de Lyon, laquelle fut condamnée par le jugement précité à payer à la veuve 600 francs et à l'orpheline mineure 400 francs à titre de dommages-intérêts.

A fortiori, une Compagnie serait-elle condamnée, si un accident survenait à un voyageur et sans qu'il y eût imprudence de sa part.

Quand l'accident arrive sur une ligne correspondante, même à l'étranger, la compagnie qui s'engage à porter le voyageur à destination sera responsable et pourra être recherchée pour des dommages-intérêts en vertu de l'article 1784 du Code Napoléon.

ARRIVÉE

ARRIVÉE.

Billet de place perdu. — Au moment de remettre son billet de place, le voyageur s'aperçoit qu'il l'a perdu.

Comment s'en tirera-t-il? Devra-t-il payer le prix du parcours entier ou bien un droit modéré?

Quoi qu'en pensent les jurisconsultes qui se font les défenseurs bénévoles des Compagnies, nous n'hésitons pas à dire, en nous inspirant, à défaut de dispositions législatives, de principes d'équité qu'on ne saurait méconnaître :

Non, le voyageur ne devra pas payer le parcours entier s'il justifie, par la déclaration des voyageurs qui se trouvaient dans son compartiment, à quel point du parcours il est monté en wagon ; s'il indique un lieu intermédiaire où un contrôle a été fait; s'il produit un bulletin de bagages qui a été pris au lieu du départ, toutes choses qui sont au moins un commencement de preuve en faveur de la sincérité de l'affirmation avancée par le voyageur.

Enfin serait-il interdit au voyageur d'invoquer sa personnalité, s'il en a une, tout au moins de se recommander du nom et de la personne de gens bien faits pour éclairer la Compagnie sur sa bonne foi.

Si, malgré ses efforts et ses raisons, le voyageur était contraint de payer le prix du parcours entier, il exigerait un reçu établissant que c'est contraint et forcé qu'il a payé, puis il porterait le débat devant les tribunaux en appelant en aide à sa demande en restitution d'une partie du payement tous les éléments et toutes les preuves propres à établir son droit.

Si au contraire la Compagnie n'exigeait qu'un droit modéré, nous conseillerions au voyageur de le payer.

SALLE DES BAGAGES.

Après la remise de son billet de place (à défaut, un arrangement), le voyageur ira dans la salle des bagages où, pour les retirer, il remettra son bulletin de bagage.

Bulletin de bagages perdu. — Quand le voyageur aura perdu son bulletin de bagages et que la Compagnie refusera la livraison des bagages alléguant qu'elle veut avoir la preuve qu'ils sont la propriété de celui qui les réclame, preuve qu'elle obtiendra, dira-t-elle, en demandant des renseignements au bureau d'expédition, le voyageur proposera au préposé en chef des bagages un moyen bien simple et qui permettra de constater immédiatement le droit de propriété.

Le voyageur demandera le dépouillement de la feuille d'expédition, qui en dira autant que le bureau d'expédition, puisqu'elle est un double de la feuille qui est au bureau d'expédition, puis il s'offrira d'indiquer le nombre et la forme des colis, ce qu'ils contiennent en détail, à l'intérieur, enfin la mention du bulletin perdu en cas d'excédant et le coût de l'excédant.

Si l'employé n'est pas convaincu et ne se rend

pas à la demande, c'est qu'il n'y met pas de la bonne volonté ou qu'il a un motif qu'il ne lui plaît pas d'indiquer.

BAGAGES ÉGARÉS.

Les bagages enregistrés doivent faire route avec les voyageurs pour leur être remis à l'arrivée.

Si les bagages avaient été égarés à la gare ou pendant le trajet, le voyageur aurait le droit de rechercher la Compagnie.

Le devoir de la Compagnie sera d'aider le voyageur par tous les moyens possibles, même par ceux indiqués par le voyageur, à retrouver les bagages, et elle sera responsable de la perte des bagages et du temps perdu dans les recherches; en conséquence elle devra des dommages-intérêts au voyageur. — Jurisprudence du tribunal civil de la Seine du 21 août 1855, à propos d'un procès intenté à la Compagnie du chemin de fer de Strasbourg par un commis voyageur dont la malle était égarée.

BAGAGES AVARIÉS.

Le voyageur ne peut protéger ses bagages, puisqu'ils sont par lui forcément remis et confiés aux soins exclusifs des agents des Compagnies de chemins de fer.

Les Compagnies sont dès lors responsables de l'avarie, c'est-à-dire du dommage occasionné aux bagages du voyageur, à moins que cette avarie ne provienne d'un cas de force majeure ou du vice propre de la chose, comme par exemple un emballage vicieux.

Encore sur ce dernier point, les Compagnies ne seraient-elles pas admissibles à alléguer que l'emballage était trop faible ou détérioré avant le départ, car le voyageur, ne manquerait pas de leur opposer avec raison que la prétention est tardive et que d'ailleurs elles étaient en droit de faire constater l'état matériel des bagages, de les refuser même avant le départ.

Voici, au sujet de l'avarie, les dispositions de la loi :

Code Napoléon, article 1784 :

« Les voituriers par terre ou par eau sont res-
« ponsables de la perte et des avaries des choses
« qui leur sont confiées, à moins qu'ils ne prou-
« vent qu'elles ont été perdues ou avariées par
« cas fortuit ou force majeure. »

Et le Code de commerce déclare :

Article 103. « Le voiturier est garant de la perte
« des objets à transporter, hors le cas de force
« majeure.

« Il est garant des avaries autres que celles qui
« proviennent du vice propre de la chose ou de
« la force majeure. »

Quand les facteurs des bagages brutalisent les bagages et repoussent grossièrement les observations du voyageur, il faut prendre leur signalement et inscrire sa plainte dans le registre des plaintes et des réclamations.

Constatation de l'avarie. — Si les bagages sont

avariés, il conviendra de le faire constater soit amiablement en priant le chef de gare de reconnaître l'avarie et de fournir une déclaration de laquelle il résulte que la Compagnie devra réparer le dommage causé sous réserve pour le voyageur d'établir l'importance du dommage, soit légalement, en faisant, suivant l'usage établi, constater l'avarie par un huissier. En ce cas, on laissera les bagages à la gare et on ira chercher un huissier, puis au retour on fera dresser un procès-verbal détaillé de l'état des bagages.

A défaut d'huissier on s'adressera au commissaire de surveillance pour lui faire dresser le procès-verbal qui ensuite sera signifié par huissier.

Ou encore, s'il n'y a pas de chef de surveillance, on sommera verbalement le chef de gare de dresser le procès-verbal précité.

Enfin si le chef de gare s'y refusait on exigerait le registre des réclamations pour y déposer avec soin :

1º Le refus du chef de gare ;
2º Un état détaillé des colis.

Si on le peut, on fera signer une ou plusieurs personnes présentes lors de l'offre en remise des bagages. Il est bien entendu qu'on laissera les bagages avariés dans les mains de la Compagnie.

Compagnies correspondantes. — La Compagnie qui s'engage à porter le voyageur à destination est responsable de l'avarie survenue aux bagages du voyageur sur un chemin de fer, une voiture ou un bateau de correspondance même à l'étranger, et encore que l'avarie soit le résultat de l'imprévoyance ou de la malveillance de la Compagnie correspondante.

En effet, l'article 1384 du Code Napoléon dit :

« On est responsable non-seulement du dommage
« que l'on cause par son propre fait mais encore
« par le fait de personnes dont on doit répondre. »
Ajoutons par le fait d'un engagement personnel.

Dès lors la Compagnie responsable de l'avarie
sera passible de dommages-intérêts. Nous citons
à l'appui un jugement du tribunal civil de la
Seine, du 24 décembre 1858, qui dispose :

« Attendu, quels que soient les intermédiaires
« d'une compagnie, qu'elle ne saurait s'en préva-
« loir pour se soustraire un seul instant à la sur-
« veillance qui lui est imposée, surveillance qui
« doit nécessairement s'exercer pendant le cours
« du voyage, sur les voyageurs et sur les colis;

« Attendu, que la preuve du cas fortuit ou de
« la force majeure n'est pas rapportée et que la
« Compagnie ne peut dès lors échapper à la res-
« ponsabilité résultant contre elle de l'article 1784
« du Code Napoléon;

« Par ces motifs condamne la Compagnie du
« chemin de fer du Nord à payer la somme de
« 1,453 francs et aux dépens. »

BAGAGES PERDUS.

Les Compagnies sont responsables des bagages
enregistrés qui ne peuvent être rendus au voyageur et elles doivent lui en payer la valeur comme
aussi elles doivent réparer le préjudice qui résul-
terait de la disparition des bagages. Sur ce point,
jugement du tribunal civil de la Seine, du
28 mai 1862, qui condamne la Compagnie de l'Est
à payer pour une malle perdue et à titre de

dommages-intérêts la somme de 1,200 francs avec dépens.

Trois cas se présentent en matière de bagages perdus. Les colis renfermaient, ou 1° des objets usuels, ou 2° des valeurs et bijoux déclarés, ou 3° des valeurs et bijoux non déclarés.

Objets usuels. — Si les colis perdus contiennent des objets usuels, tels que vêtements et linge de corps, le voyageur dressera une liste détaillée qu'il adressera au chef de gare ou au directeur de la Compagnie.

Si la Compagnie offre une indemnité et qu'elle paraisse insuffisante au voyageur, celui-ci aura recours aux tribunaux.

Valeurs et bijoux déclarés. — En ce cas la Compagnie devra le montant intégral du prix attribué à ces valeurs et bijoux sans pouvoir opposer qu'elle manque d'éléments sur l'appréciation réelle des objets perdus puisque à elle seule revient le tort de n'avoir pas examiné les objets avant d'en accepter la déclaration.

Valeurs et bijoux non déclarés. — Le voyageur qui n'a pas déclaré les valeurs ou les bijoux renfermés dans ses bagages est-il déchu de tout droit, en cas de perte, à réclamer une indemnité?

On ne doit pas perdre de vue en matière de bagages les principes de responsabilité imposée par les articles 1784 du Code Napoléon et 103 du Code de commerce aux voituriers par terre et par eau.

De plus quelle est la définition exacte du mot *bagages?*

N'est-il pas possible d'étendre l'acception de ce mot à des objets d'une valeur réelle mais aussi d'un emploi usuel?

Quelle est la véritable signification du mot *valeurs?*

Faut-il entendre ce mot comme le voudraient les Compagnies? et tous les objets contenus dans les colis n'ont-ils donc pas une valeur?

Nous n'hésitons pas à déclarer que pour apprécier justement si certains objets de valeur doivent ou ne doivent pas être payés par une Compagnie, il conviendra de rechercher exactement la position sociale, les habitudes de luxe ou d'élégance de la personne qui a perdu sa malle et de se demander si sérieusement il y a motif pour douter de la véracité de sa déclaration.

Si donc à propos d'une malle perdue, un voyageur réclamait des dommages-intérêts pour les valeurs et les bijoux non déclarés qui s'y trouvaient, la Compagnie pourrait en bonne justice être déchargée du remboursement de l'or, de l'argent monnayé, des billets de banque, des valeurs au porteur. Mais inévitablement, nous le croyons, elle devrait subir devant les tribunaux, l'obligation de payer le prix des vêtements de luxe, des cachemires, des dentelles, des bijoux montés, des soieries, en un mot de tous les objets de toilette en rapport avec la position et les habitudes d'élégance et de luxe du voyageur.

BUREAU-CONSIGNE.

Le voyageur arrivé à destination qui ne voudra pas enlever ses bagages, pourra les laisser à la gare moyennant le payement d'un droit quotidien.

Il les déposera au bureau-consigne et devra garder son bulletin de bagages ou s'en faire délivrer un spécial.

———

OMNIBUS DU CHEMIN DE FER.

A la gare d'arrivée le voyageur trouvera des omnibus appartenant à la Compagnie du chemin de fer qui le transporteront avec ses bagages jusqu'à domicile.

La responsabilité de la Compagnie se continuera jusqu'au moment où le voyageur sera descendu de voiture.

———

POURSUITES
EN JUSTICE.

RESPONSABILITÉ DES COMPAGNIES.

En règle générale, la responsabilité des Compagnies cesse vis-à-vis du voyageur quand celui-ci est arrivé à destination.

Mais quand un fait dommageable est venu atteindre la personne ou la chose du voyageur, la responsabilité des compagnies est engagée encore.

Dès lors, si la Compagnie responsable se refuse à tout accommodement, si elle résiste aux réclamations du voyageur; celui-ci devra avoir recours aux tribunaux compétents.

Nous appelons l'attention des voyageurs sur ce point important et délicat, *des poursuites en justice*, bien convaincu que jusqu'à présent il n'a pas été traité d'une façon pratique par les auteurs de petits livres courants qui se proposent de servir de guide au voyageur en matière de réclamations à adresser aux Compagnies de chemins de fer.

TRIBUNAUX COMPÉTENT.

Compétence. — La compétence est le droit *d'attribution spéciale* faite et appartenant aux tribunaux divisés et classés par le législateur.

Chaque catégorie de tribunaux est chargée de juger des faits d'une nature et d'un caractère prévus et définis par les lois comme aussi s'étant passés dans une étendue de pays circonscrite à l'avance ou bien encore de faits qui lui sont dévolus à raison du domicile de l'une des parties.

En conséquence, la compétence d'un tribunal dérive ou de la nature de la contestation, laquelle se règle d'après le caractère des faits contestés ;

Ou bien, du domicile des parties en désaccord,

En termes de droit,

Un tribunal est compétent :

1° *A raison de la matière*, c'est-à-dire de la nature de la contestation ;

2° *A raison du domicile* des parties ou de l'une d'elles.

N° 1er.

TRIBUNAUX COMPÉTENTS A RAISON DE LA MATIÈRE.

Sont compétents à raison de la nature des faits en contestation entre un voyageur et une compagnie de chemin de fer :

1° *Les juges de paix;*
2° *Les tribunaux civils ou correctionnels;*
3° *Les tribunaux de commerce.*

Ainsi qu'on le voit, trois juridictions s'offrent au voyageur :

La juridiction civile,
     —   *correctionnelle,*
     —   *commerciale.*

JURIDICTION CIVILE.

Le contrat qui se noue entre un voyageur et une compagnie de chemin de fer est un contrat civil. En effet, l'article 1779 du Code Napoléon, livre III, titre VIII, chapitre III, mentionne que : « il y a trois espèces principales de louage « d'ouvrage et d'industrie ; » et paragraphe 2 : « celui des voituriers, tant par terre que par eau, « qui se chargent du transport des personnes ou « des marchandises. »

Il est naturel dès lors, que l'appréciation d'une convention civile appartienne à un tribunal civil.

JUSTICE DE PAIX.

Compétence. — En vertu de la loi du 25 mai 1838, article 2 : « Les juges de paix prononcent *sans appel* jusqu'à la valeur de cent francs et *à charge d'appel* jusqu'au taux de la compétence en dernier ressort des tribunaux de première instance » (1,500 francs) ; paragraphe, 2 : « Sur les contestations entre les voyageurs et les voituriers, pour *retards, frais de route,* et *perte ou avarie d'effets* accompagnant les voyageurs. »

La juridiction du juge de paix mérite d'être recommandée d'une façon toute spéciale au choix des voyageurs à raison du caractère de conciliation qui lui est propre.

Plus sûrement que devant un autre tribunal, le voyageur peut espérer de voir s'opérer entre la Compagnie et lui une transaction.

Il est bon aussi de noter que les frais à avancer et à exposer devant la justice de paix sont très-minimes et que le voyageur, au courant de ses droits, peut se dispenser de toute dépense d'honoraires en faisant valoir en personne sa réclamation ;

Mais ainsi qu'il résulte des dispositions très-précises de la loi de 1838, article 2, § 2, du silence même de ces dispositions : si le voyageur avait à réclamer pour autre chose que des retards, frais de route, perte ou avarie d'effets, et qu'il eût à demander notamment la réparation d'un acci-

dent qui aurait atteint sa personne, en ce cas et
à raison de la nature des faits qui pourraient être
considérés par la loi comme constituant un délit
ou un quasi-délit appelant l'intervention de l'action publique ou seulement l'assistance du ministère public ; le voyageur, quel que fût le chiffre
de sa réclamation, ne devrait pas s'adresser à la
justice de paix mais bien aux tribunaux correctionnels dont il sera bientôt parlé.

Si la demande du voyageur est supérieure à
1,500 francs, le juge de paix ne connaîtra de la
demande qu'en conciliation ainsi que le veut
l'article 48 du Code de procédure civile.

TRIBUNAUX CIVILS OU DE PREMIÈRE INSTANCE

Les tribunaux civils peuvent être saisis des
contestations élevées entre voyageur et Compagnie
de chemins de fer :

1º Comme juges d'appel des jugements des
juges de paix ;

2º Comme juges de première instance saisis
d'une demande supérieure à 1,500 francs ;

3º Comme tribunaux correctionnels.

Tribunal jugeant en appel. — Quand la demande formée par le voyageur devant le juge de
paix est supérieure à 100 francs, en ce cas le jugement qui est rendu par le juge de paix est sujet
à l'appel. (Loi de 1838, article 2 déja cité, page 56.)

L'appel sera porté devant le tribunal de première instance existant dans l'arrondissement
duquel dépend la justice de paix.

*Tribunal saisi d'une demande supérieure à
1,500 francs.* — Le tribunal de première instance
sera saisi par le voyageur d'une demande supérieure à 1,500 francs après que le préliminaire de
la conciliation devant la justice de paix aura été
observé.

L'article 48 du Code de procédure civile dit en
effet : « Aucune demande principale introductive
« d'instance entre parties capables de transiger
« et sur des objets qui peuvent être la matière
« d'une transaction ne sera reçue devant les tri-
« bunaux de première instance, que le défendeur
« n'ait été préalablement appelé en conciliation
« devant le juge de paix ou que les parties n'y
« aient volontairement comparu. »

Nous ne pensons pas que les parties, à moins
de circonstances particulières, pussent, en vertu
de l'article 49 du même Code de procédure relatif
aux exceptions en matière de conciliation, notamment celle faite en faveur des *demandes qui re-
quièrent célérité*, être dispensées de ce préliminaire et nous croyons même qu'elles auraient intérêt à ne pas éviter les chances de conciliation
que devant le juge de paix doit courir l'instance
engagée.

TRIBUNAUX CORRECTIONNELS.

Les tribunaux civils connaîtront aussi sous le
titre de tribunaux correctionnels des contestations survenues à la suite de faits portant atteinte
à la personne du voyageur et qui seraient contrai-
res à l'ordre public.

L'article 182 du Code d'instruction criminelle

dispose : « Le tribunal (de première instance) sera
« saisi en matière correctionnelle de la connais-
« sance des délits de sa compétence, soit par le
« renvoi qui lui en sera fait, d'après les articles
« 130 et 160 (par le juge d'instruction), soit par la
« citation donnée directement au prévenu et aux
« personnes civilement responsables du délit par
« la partie civile. »

Cet article s'applique non-seulement aux délits
qui portent atteinte à l'ordre social et en même
temps causent un dommage à quelqu'un, comme
les accidents dus à la négligence des Compagnies
ou de leurs employés, délits qui sont poursuivis
par l'action publique et l'action civile ; mais aussi
aux quasi-délits, c'est-à-dire à des faits qui, cau-
sant un préjudice et rendant responsables des
tiers autres que l'auteur, nécessitent une action
privée de la part du plaignant par la raison qu'ils
ne paraissent pas devoir intéresser encore l'action
publique. Ainsi un accident survenu à un voyageur sur la voie ferrée peut décider ce voyageur
à déposer entre les mains du procureur impérial
une plainte qui, à raison de la nature des faits, devrait amener l'inculpé devant le tribunal correctionnel sur la proposition du procureur impérial ;
mais il peut arriver que la plainte ne paraisse
pas suffisamment justifiée et que le procureur
impérial refuse d'y donner suite, le plaignant
alors, conservant le droit de poursuite, devra
poursuivre à ses risques et périls, devant le tribunal correctionnel les faits qu'il considère
comme préjudiciables pour lui.

Il faut remarquer que les actions intentées et
les poursuites exercées devant les tribunaux correctionnels, contre les Compagnies de chemins de
fer, se réfèrent généralement à des faits attenta-

toires à la personne du voyageur plutôt qu'à sa propriété.

Il nous paraîtrait extraordinaire que les Compagnies ne s'empressassent pas de réparer à l'amiable des faits de destruction volontaire ou de détournement commis par leurs employés, faits qui tombent sous l'application des lois pénales.

JURIDICTION COMMERCIALE.

TRIBUNAUX DE COMMERCE.

Les Compagnies, avons-nous dit, sont des entreprises commerciales ; à ce titre le voyageur pourrait actionner en dommages-intérêts une Compagnie responsable devant un tribunal de commerce sans que celle-ci eût à récriminer à raison d'un choix qui ne pourrait que lui être avantageux et dont la conséquence serait de la soumettre au jugement de ses pairs.

Sans nous prononcer contre la juridiction consulaire dont l'exercice en certains lieux est dévolu forcément aux tribunaux de première instance, nous engageons cependant le voyageur réclamant à choisir la juridiction civile, motif pris de ce que les tribunaux civils ont pour habitude de puiser leurs décisions dans les dispositions de la loi, plutôt que de les accomoder d'après des coutumes et des facilités acceptées dans le commerce mais toujours défavorables à d'autres que des commerçants.

N° 2.

TRIBUNAUX COMPÉTENTS A RAISON DU DOMICILE.

Il ne suffit pas de savoir, pour le voyageur, qu'il peut assigner une Compagnie en défaut vis-à-vis de lui, soit devant un juge de paix, soit devant un tribunal civil, soit encore devant un tribunal de commerce : il lui importe encore de connaître en quel lieu il devra produire sa demande et appeler la Compagnie.

En effet, le Code de procédure civile, article 59, dispose que : « en matière personnelle, le défen- « deur sera assigné devant le tribunal de son do- « micile. »

En droit, toute poursuite doit être faite au do-micile du défendeur.

Ce sera donc devant le tribunal du domicile de la Compagnie que le voyageur devra engager ses poursuites. Or, le domicile des Compagnies de chemins de fer est au lieu où ces Compagnies ont leur siége social, et comme la généralité des Compagnies françaises ont leur siége social à Pa-ris, ce serait devant les tribunaux de Paris que les voyageurs devraient de venir engager leurs procès contre les Compagnies de chemins de fer.

Que d'impossibilités !

Que le voyageur se rassure :

Les sociétés industrielles ont aussi le plus souvent un domicile au lieu où se trouve leur

principal établissement, la tête de leur exploitation ou de leur mouvement.

En ce cas, si une société qui a son siége social à
Paris avait son principal établissement ou une
tête de son mouvement à Bordeaux, le voyageur
serait autorisé à assigner la Compagnie devant
un tribunal de Bordeaux et nous n'hésitons pas
à penser que les tribunaux repousseraient toute
exception d'incompétence soulevée en matière de
domicile par la Compagnie ainsi attaquée.

Disons-le hardiment et d'après des faits acquis,
certaines Compagnies sont allées courtoisement au-
devant du reproche qu'on leur eût adressé de
rendre impossibles des attaques fondées et de leur
plein gré elles se sont choisi plusieurs domiciles
de façon à faciliter l'attaque contre elles et à
laisser plus d'aise aux réclamations des voyageurs ; mais celles-là font exception à la règle.
Leurs différents domiciles sont généralement aux
têtes de ligne et dans les grandes villes où ces
Compagnies ont des bureaux organisés.

En règle générale et en cas d'hésitation de la
part du voyageur, celui-ci devra se renseigner,
avant que d'engager ses poursuites, auprès du
commissaire de surveillance le plus voisin du
lieu où est née la contestation ou de son propre domicile. Cet employé, au courant de tout ce
qui peut être utile aux intérêts des voyageurs,
dira assurément si la Compagnie a un domicile
autre que celui du siége social et ne se refusera
pas à l'indiquer.

POURSUITES DEVANT LES TRIBUNAUX

FORMES DES POURSUITES.

Poursuites devant le juge de paix.

Billet d'avis. — Permis de citer. — Quand le voyageur aura usé de toutes les précautions propres à sauvegarder ses intérêts, que notamment il aura fait constater par procès-verbal d'huissier ou de toute autre façon le préjudice à lui causé par la Compagnie, son premier soin sera, s'il a fait choix, comme tribunal, de la justice de paix, de s'adresser à la justice de paix compétente à raison du domicile de la Compagnie, afin, soit d'y obtenir le *billet d'avis* imposé avant toutes poursuites par la loi du 2 mai 1855 et qui est délivré ou envoyé par le secrétaire du juge de paix, soit d'y avoir du juge de paix le *permis de citer* immédiat.

Comparution devant le juge de paix. — Si le voyageur demandeur n'a obtenu que le billet d'avis, et non le permis de citer, il devra comparaître en personne ou se faire représenter par un mandataire, auquel il aura remis une procuration, dans le cabinet du juge de paix.

Là : ou la Compagnie sera représentée et les conseils du juge de paix pourront amener une transaction ; ou, au contraire, toutes parties présentes et à défaut d'entente entre elles, le juge de paix délivrera au voyageur demandeur le permis de citer; ou, enfin, la Compagnie fera défaut et le juge de paix octroiera encore au voyageur le permis de citer.

Citation. — En vertu du permis délivré, le voyageur fera citer par huissier la Compagnie, pour comparaître dans les délais voulus par la loi à l'audience du juge de paix.

La citation, d'après les indications du voyageur à son huissier, énoncera sommairement l'objet et les moyens de la demande ainsi que le chiffre de la condamnation poursuivie.

L'huissier, aux termes de la loi, est responsable de la signification de la citation. Il pourra être recherché à ce sujet par le voyageur, le cas échéant.

Audience. — Au jour fixé par la citation, le voyageur demandeur se présentera ou se fera représenter à l'audience du juge de paix ; il justifiera sa demande tant par titres que par témoins.

Jugement ou procès-verbal de non-conciliation. — Après avoir entendu les parties ou, à défaut du défendeur, le demandeur seulement, le juge de paix rendra son jugement si la demande est inférieure à 1,500 francs ; mais si elle est supérieure à ce chiffre, le juge de paix donnera acte aux parties de la non-conciliation ; procès-verbal en sera dressé pour être remis au demandeur.

Si la Compagnie n'exécute pas à la barre du juge de paix le jugement et s'il y a dès lors obligation pour le voyageur de poursuivre l'exécution du jugement rendu à son profit, celui-ci en devra consigner entre les mains du greffier le coût de l'enregistrement et de l'*expédition* dont il demandera quelques jours après la délivrance.

Signification du jugement. — Aussitôt après qu'il sera muni de l'expédition du jugement, le voyageur la remettra à l'huissier qui la signifiera à la Compagnie avec commandement d'avoir à exécuter le jugement.

Appel du jugement. — Si le jugement rendu par le juge de paix ne satisfait pas l'une ou l'autre des parties et que le jugement soit rendu en premier ressort, il y aura lieu à appel.

POURSUITES DEVANT LES TRIBUNAUX DE PREMIÈRE INSTANCE.

Demande directe. — Si le voyageur à la suite d'un procès-verbal de non-conciliation ou de la dispense de conciliation entend saisir le tribunal de première instance de sa demande à raison de sa compétence (1,500 francs), il devra s'adresser à un avoué près du tribunal de première instance duquel ressort la justice de paix devant laquelle a été engagé le procès.

Cet officier ministériel s'empressera, en se constituant pour le voyageur, de faire signifier par ministère d'huissier, à la Compagnie, la demande du voyageur.

Appel d'un jugement de justice de paix. — Quand le voyageur voudra relever appel d'un jugement rendu contre lui il s'adressera comme auparavant à un avoué de première instance qui se chargera de faire signifier l'appel avec constitution, à la Compagnie. Si enfin la Compagnie relève appel

contre le voyageur, celui-ci fera sa démarch
auprès de l'avoué en lui apportant la copie d'appe
à lui signifié et l'avoué se constituera purement
et simplement pour lui.

Choix d'un avocat. — Muni d'un avoué, le voyageur en instance fera choix d'un avocat pour
défendre sa cause auquel il fournira les titres,
pièces, renseignements, désignation de témoins,
s'il y en a, enfin tout ce qui pourra être utile ou
favorable à ses intérêts.

Puis il n'aura plus qu'à attendre patiemment la
décision de la justice.

———

POURSUITES DEVANT LES TRIBUNAUX CORRECTIONNELS.

Le voyageur qui aura été atteint dans sa personne soit par un accident, soit par une injure
grave, soit enfin par tout autre fait prévu et puni
par la loi pénale et dont la responsabilité atteint
la Compagnie, pourra de diverses manières en
poursuivre la réparation devant les tribunaux
correctionnels.

Actes préparatoires. — Nous recommandons
aux voyageurs, aussitôt après que le fait dommageable aura été commis ou postérieurement au
fait :

1° *En cas d'accident*, de faire faire par un doc-
teur médecin une relation exacte de son état au
moment de l'accident comme aussi de se faire dé-

livrer un certificat établissant son état au moment du procès ;

2° *En cas d'injure ou voies de fait* de la part des employés de la Compagnie, de déposer sa plainte dans le registre des plaintes et réclamations ou bien de faire dresser procès-verbal par le commissaire de surveillance, enfin de prendre à témoin les personnes présentes en se faisant dire leurs noms, profession et domicile. Ces précautions observées à l'avance, le voyageur qui voudra poursuivre opérera de la façon suivante :

Plainte, et poursuite de l'action publique. — Le voyageur lésé adressera une plainte au procureur impérial du lieu où se sont passés les faits, et si les faits ont déjà donné lieu à des poursuites de la part de la justice (comme en matière d'accidents graves), il se tiendra à la dispositiondumagistrat instructeur.

Avant le jour de l'audience, le voyageur intéressé à obtenir une réparation civile fera le choix d'un avoué et d'un avocat ou d'un avoué seulement.

Il pourra faire signifier à l'avance sa demande, mais il vaudra mieux pour ses intérêts attendre au jour de l'audience afin d'être entendu comme témoin et il produira ensuitesa demande, laquelle peut être faite en tout état de cause.

Action civile isolée. — Souvent il arrive que les faits dénoncés au procureur impérial ne lui paraissent pas suffisamment graves pour déterminer l'action publique.

Le voyageur ne devra pas tenir compte de cet insuccès qui peut n'être que momentané et qui, dans aucun cas, ne peut préjudicier à ses intérêts personnels.

Il devra alors introduire sa demande par voie directe vis-à-vis de la Compagnie et devant le tribunal correctionnel en faisant choix d'un avoué du tribunal de première instance lequel procédera en la forme voulue, puis il prendra un avocat auquel il confiera sa défense. Au jour de l'audience il produira toutes preuves tant par titres que par témoins, et si le ministère public n'intervient pas alors comme partie poursuivante dans les débats, tout au moins ne dédaignera-t-il pas de formuler des conclusions.

Dans le cas où le voyageur poursuivrait seul la réparation d'un quasi-délit, il nous paraît que ça devrait être devant le tribunal du domicile de la Compagnie qu'il faudrait engager les poursuites.

POURSUITES DEVANT LES TRIBUNAUX DE COMMERCE.

Quand un voyageur voudra avoir recours à la juridiction consulaire du lieu où la Compagnie est domiciliée, il agira par voie d'assignation signifiée par ministère d'huissier. — Ensuite, avant l'audience il fera choix soit d'un avocat, soit d'un agréé pour faire soutenir sa demande, à moins qu'il ne préfère la présenter lui-même ce dont il a le droit.

Au jour de l'audience le voyageur fera bien de s'entourer de toutes preuves et pièces décisives afin d'éviter le renvoi devant un expert rappor-

teur, renvoi toujours chargé de lenteurs, souven
même d'ennuis.

*Colis, Livres, Registres, Feuilles d'expédition,
Témoins.* — Devant les tribunaux de commerce,
le voyageur-demandeur aura le droit de réclamer,
en cas d'avarie, la représentation des colis, en
cas de perte la production des livres, registres,
feuilles d'expédition, comme aussi de solliciter
l'audition des témoins, toutes choses de nature à
éclairer ces tribunaux.

CONCLUSION.

Quelque imposant que soit le faisceau des forces
offertes par la loi au voyageur pour sa sûreté et
sa défense; quelque confiance que doive avoir
dès lors le voyageur dans le succès promis à ses
droits et à ses réclamations, nous croyons cependant pouvoir lui conseiller, dans son intérêt, de la
prudence dans ses attaques même les mieux fondées.

Plus on est sûr de son droit plus on est fort, et
plus on est fort plus on est écouté ; nous pensons
dès lors que les réclamations vives, nettes et
intelligentes du voyageur ont chance d'aboutir
administrativement auprès des Compagnies intéressées à ménager leur considération et leurs re-
venus.

L'accord, d'ailleurs, n'est pas chose impossible
entre les Compagnies et les voyageurs en dépit
même des réclamations de ces derniers.

Cet accord désirable existera pour sûr le jour
où les Compagnies de chemin de fer s'affranchi-
ront en France d'un reproche mérité, celui de
traiter le voyageur comme un colis.

TABLE ALPHABÉTIQUE

Clichy. — Imp. Maurice Loignon, et Cie, rue du Bac-d'Asnières, 12.